# Réponse

## A LA TROISIÈME LETTRE

### des Sieurs

# BOBÉE ET FERANT.

# RÉPONSE

# de M. Proux,

## A LA TROISIÈME LETTRE

### DES SIEURS

## BOBÉE ET FERANT.

ROUEN,

IMPRIMÉ CHEZ NICÉTAS PERIAUX,

RUE DE LA VICOMTÉ, N° 55.

1836.

# AVERTISSEMENT.

Les premières lettres des sieurs Bobée et Ferant n'ayant paru que dans les journaux, j'avais cru nécessaire de les publier dans ma dernière brochure, pour mieux fournir au public les moyens de les comparer aux miennes et d'établir ainsi son jugement ; mais aujourd'hui que ces messieurs ont publié leur dernière lettre sous forme de cahier, et qu'ils l'ont répandue avec assez de profusion pour qu'il soit raisonnable de penser que le public en trouvera partout, je crois inutile de la reproduire ici, et je me contente de faire imprimer la réponse suivante , en attendant l'époque sans doute peu éloignée, où je pourrai, par une nouvelle publication , lui donner tous les développemens dont elle est susceptible.

C'est donc après *trois mois* des plus pénibles efforts que M. Bobée vient enfin d'enfanter le brillant chef-d'œuvre, qu'il appelle une réponse à ma dernière lettre.

J'admire vraiment une aussi grande fécondité, et, quand je pense à la gloire qu'il aura retirée d'un tel ouvrage, lorsqu'il aura été compris, je regrette vivement de lui avoir fourni, par mes lettres, l'occasion d'ajouter encore à sa réputation d'écrivain distingué : car à lui tout l'honneur de cette composition ; ce pauvre M. Ferant n'y figure que par sa signature, et peut-être encore par les renseignemens qu'il fournit à son collègue sur les annales scandaleuses du pays, annales qu'il connaît d'autant mieux que, pour beaucoup des faits qu'elles signalent, il pourrait dire comme le pieux Énée :

. . . . . . . . . . . . . . . . . *Et quorum pars magna fui.*

Auxquels j'ai pris une large part.

Mais je reviens à M. Bobée et à son chef-d'œuvre,

bien dignes tous deux de l'examen que j'en vais faire. Que M. Ferant me pardonne, cependant, de ne plus m'occuper de lui; mais il est du nombre de ces hommes heureusement rares dont la réputation est si bien établie, que les reproches les plus sanglans, les révélations les plus hideuses, ne sauraient rien y changer. Je le laisse donc en jouir tout à son aise.

Ma dernière lettre, en révélant jusqu'à la plus complète évidence la mauvaise foi de mes adversaires, le rôle honteux d'imposteur, qu'ils jouaient avec autant d'imprudence que d'audace, il était juste de penser qu'ils se garderaient bien d'ajouter, par une nouvelle lettre, au scandale qu'ils avaient causé et à la honte dont ils s'étaient couverts. Mais la passion raisonne-t-elle? comprend-elle ses plus vrais, ses plus chers intérêts? Non. Toujours en dehors du vrai et du juste, il faut qu'elle attaque, dût-elle succomber dans la lutte qu'elle soutient.

Telle est la position où se sont placés mes adversaires, et dont ils ne sortiront que souillés de mépris et de ridicule.

Et, en effet, comment ont-ils répondu aux argumens par lesquels j'établissais la véritable part que j'ai prise dans l'affaire du sieur Marche? Comment ont-ils répondu aux reproches que je leur adressais? Tantôt en niant les faits les mieux établis, ou les défigurant quand ils tournaient contre eux; tantôt par des injures et des reproches vingt fois répétés, ou bien, dans leur impuissance à me nuire, en me prêtant des défauts que je n'ai pas, ou des désirs que je n'ai jamais eus.

Car j'en appelle à tous, qui de M. Bobée, de M. Ferant ou de moi, est le plus intrépide amateur de Cognac ou de fil-en-quatre? Qui encore doit être jugé le plus ardent républicain, ou de M. Bobée, assistant avec empressement au banquet Laffitte, et se constituant le défenseur officieux d'un républicain avoué, ou de moi, toujours étranger à tout ce qui tient ou ressemble à la politique? Disons donc plutôt, pour suivre un instant la profonde et brillante utopie de M. Bobée, que si une république était possible à Buchy, on le verrait bientôt en rechercher la présidence, comme il a recherché ou plutôt mendié son titre de maire.

Et ce dernier fait n'est pas, de ma part, une supposition calomnieuse, un reproche de la nature de ceux que M. Bobée m'adresse avec la conscience qu'il fait un mensonge : c'est l'expression de la plus exacte vérité, démontrée par une lettre de lui et adressée à un électeur forain aux dernières élections : car qui accuse doit prouver, et je prouverai si besoin est.

Je laisse donc de côté un plus long examen de la notice du *Maire-Auteur*, parce que, outre que cette notice attaque principalement M. de Manneville, elle est généralement appréciée à sa juste valeur. Elle témoigne de l'embarras avec lequel elle a été composée; embarras qui se révèle à chaque ligne par des contradictions choquantes, des plaisanteries du plus mauvais goût et la niaiserie la plus complète, pour ne pas dire encore par des fautes de français.

M. Bobée réservait sans doute alors ses grands coups pour la lettre qui la suit, et c'est là aussi que je vais le suivre pas à pas et avec tout le soin possible.

———

> J'ai toujours détesté l'ingratitude, et si j'avais des obligations au diable, je dirais du bien de de ses cornes.
>
> — *Voltaire.* —

Dans cette lettre remarquable, mon honorable antagoniste, que je suppose d'ailleurs peu versé dans l'étude de la Bible, prétend que j'en ai dénaturé un passage, pour lui en faire une fausse application, et, à ce propos, il me taxe de mauvaise foi; mais entendez-vous bien une seule fois, M. Bobée, sur la valeur des mots que vous employez. Sachez donc que, dénaturer une phrase, c'est la dire autre qu'elle est réellement dans le texte qui l'a fournie, et que vous ne sauriez me prouver que je mérite le moins du monde un pareil reproche.

Quant à l'application que j'en ai faite, vous seriez moins empressé de me la reprocher, si vous n'aviez compris qu'elle vous frappait au cœur.

Vous parlez ensuite de mes lettres, des odieuses

insinuations qu'elles contiennent contre vous; et, tel est votre éloignement, d'ailleurs bien connu, pour la vengeance même la plus permise, que vous eussiez, dites-vous, négligé d'y répondre, sans la crainte que vous avez eue de voir votre silence mal interprété. Quel malheur pour moi, vraiment, qu'une pareille crainte, puisqu'elle a produit de si grands résultats; mais convenez, au moins, que, dans l'avertissement qui précède ma brochure, j'avais exprimé la même idée et que vous n'eussiez pas dû ainsi la reproduire. Il est vrai que trois grands mois se sont écoulés depuis; mais des personnes mal intentionnées, celles, par exemple, qui ne voudraient voir que des vérités bien démontrées dans ce que vous appelez de la calomnie ou d'odieuses insinuations, ces personnes, dis-je, pourraient crier au plagiat, et avec d'autant plus de raison, que trop souvent, dans votre lettre, vous avez commis le même crime.

Vous me traitez encore, selon le goût du lecteur, ou de pervers, ou de fou, à propos des dures vérités que je vous ai dites et que vous méritiez si bien; mais quel terme emploierai-je, moi, pour peindre convenablement un homme qui s'abaisse dans la boue pour en salir son adversaire, après avoir épuisé contre lui la liste des outrages le plus à la mode des habitués des halles? Il n'en est pas, ou du moins je n'en connais aucun. Vous parlez de mon honneur, Monsieur: il est au-dessus de vos atteintes, et je vous porte publiquement le défi de signaler,

dans ma vie passée, un seul acte qui y soit contraire ?
Le chercherez-vous de nouveau dans le reproche
que vous m'avez si souvent adressé d'être tout à la
fois un dénonciateur, un délateur et un calomnia-
teur ? S'il en est ainsi, la réponse est facile ; car, à
l'emploi que vous faites tour-à-tour de l'un ou de
l'autre de ces mots, malgré la différence énorme
qui les sépare, je finis par croire que vous n'avez
jamais su au juste ce qu'ils voulaient dire.

Aussi, pour en finir désormais avec vous sur un
point aussi capital, et qui sert de base à l'écha-
faudage de vos injures contre moi, je vais vous
raconter l'histoire suivante, que je m'efforcerai de
mettre à la hauteur de votre jugement, et qui me
paraît très propre à vous faire distinguer à l'avenir,
au premier coup-d'œil, un dénonciateur d'un délateur.

Or, écoutez, voici les faits :

Dans je ne sais plus quel petit bourg de la Nor-
mandie, vivait encore, il y a peu d'années, un
jeune homme qui y exerçait, quoique sans diplôme,
la profession d'officier de santé.

Devenu, par la mort de son père, le seul soutien
de sa famille peu aisée, il avait trouvé chez ses
concitoyens appui et protection. Ses confrères re-
gardaient même comme un devoir de venir à son
aide dans les circonstances pénibles où il se trouvait,
et, grâce à son zèle dans l'état qu'il avait embrassé,
il eût pu jouir bientôt d'un sort assez heureux, s'il

n'était vrai qu'il ne peut y avoir ici-bas de bonheur durable.

Il fit, hélas ! bientôt la dure expérience de cette cruelle vérité, après l'arrivée dans le pays d'un nouveau confrère qu'y conduisit sans doute la colère des dieux contre lui et ses compatriotes, puisque depuis. . . . . . . . . . . . . . . . . . . .

. Mais alors cet homme annonçait des habitudes si simples, un caractère si peu propre aux vues ambitieuses, que ce fut à peine si on le remarqua. Un observateur habile aurait bien pu, cependant, se défier de cette mine hypocrite et de ces yeux toujours inclinés vers la terre; mais la toilette du nouveau débarqué était telle, qu'elle inspirait plutôt la pitié que la crainte, et pourtant il était, il devint dangereux, tant il est vrai que l'habit ne fait pas le moine; et, pour mon compte, je pense bien, au peu de soin de sa toilette, que cet homme était bien persuadé de cette vérité. En effet, figurez-vous-le, la tête couverte d'un mauvais chapeau à la Bolivar tout déformé, les épaules revêtues de l'inévitable habit noir de sa profession, la seule pièce de ses vêtemens qui eût encore conservé son aspect à peu près décent. Mais comment achever ce portrait, quand il faut dire, pour être vrai, que ses cuisses et une partie de ses jambes, alors très grêles, se dessinaient sous une espèce de pantalon de nankin déteint, assez court pour laisser voir des bas bleus habilement remaillés et des souliers tout éculés.

Tel était l'homme cependant, et j'aurais volontiers passé sur ces détails de toilette, s'ils ne me paraissaient propres à mieux faire ressortir l'ingratitude dont il paya l'accueil du malheureux jeune homme, dont je crayonne l'histoire, et à mieux atteindre le but que je me propose.

Il fallait donc au nouveau docteur peu riche, à en juger par un tel extérieur, des clients à quelque prix que ce fût; et bientôt, pour arriver plus sûrement à se faire connaître sur le théâtre qu'il devait bientôt éclairer de ses brillantes lumières, il proposa à l'infortuné, dont il méditait la perte, une espèce d'association qui, en leur assurant du travail à tous deux, devait les mener promptement, sinon à la fortune, du moins à une aisance honorable.

Il avait lu, le malin docteur, les fables de Florian, et se rappelait celle du Lion et du Léopard. Il prouva bientôt qu'il savait tirer parti de ses lectures. Je pourrais, dit-il au collègue qu'il voulait s'associer, vous empêcher d'exercer la médecine, puisque vous n'avez pas de diplôme qui vous en confère le droit; mais, outre qu'un pareil acte répugnerait à mon caractère, je veux vous être utile, moi que reconnaît la faculté, et vous protéger de tout mon pouvoir.

Seulement, en échange d'une telle protection, vous ne sortirez qu'avec moi; vous vanterez à vos malades mes hautes connaissances, ma prudence et mon habileté, et cet éloge devra d'autant moins vous coûter, qu'il aura pour objet notre commun avantage.

L'honnête homme est sans défiance, et le jeune chirurgien ne vit pas dans ces paroles le piège qui lui était tendu ; aussi souscrivit-il volontiers à cette proposition, que, d'ailleurs, il lui eût été peut-être dangereux de refuser. Voilà donc nos deux hommes d'abord très unis, et donnant au public un exemple, devenu malheureusement trop rare, du plus parfait accord.

On ne dit pas si les produits furent exactement partagés et si le docteur au diplôme ne se faisait pas la part du lion ; mais, ce que je sais, ce qui est vrai, c'est que bientôt, et lorsqu'il se crut suffisamment connu des clients, le chef de l'association, l'homme aux bas bleus, sous je ne sais quel prétexte, cessa brusquement ses liaisons avec son collègue ; et comme il ne voulait pas s'exposer aux effets d'une concurrence qu'il redoutait, il fit ses démarches pour interdire à son ex-associé, à celui qui l'avait mis en évidence et qui lui avait ainsi fourni les moyens de réparer les ruines de sa toilette, le droit d'exercer sa profession. Ces démarches, grâce à des protections et aux antécédens favorables du *dénoncé*, restèrent sans succès, et ce dernier put continuer le libre exercice de son art. Mais la noire ingratitude de celui dont il avait cru se faire un ami dévoué, le frappa au cœur !!!

Les conseils de ses amis, la bienveillance toujours la même du public pour lui, ne purent lui faire oublier ce coup affreux ! . . . . . . . . . .

Deux ans après, il avait cessé d'exister, victime

de sa trop grande confiance et de la *trahison* la plus révoltante !! . . , . . . . . . . . . . . .

Eh bien ! M. Bobée, se plaignait-il seulement d'un tort qui lui était fait, cet infâme médecin, en *dénonçant* son collègue? ou bien sa conduite n'offre-t-elle pas plutôt l'exemple le plus remarquable de la plus odieuse *délation?* Si vous étiez embarrassé pour résoudre cette question, consultez le public : il vous répondra, car je suis sûr qu'il m'a compris; et il vous dira que la mauvaise foi la plus insigne, ou la plus épaisse ignorance, pourraient seules appeler ma conduite, dans l'affaire du sieur Marche, du même nom qui convient à qualifier celle de l'homme que j'ai peint.

Je vais maintenant poursuivre, mais plus rapidement, l'examen de la lettre qui m'a fourni ces réflexions, et prouver jusqu'à la fin la mauvaise foi de son auteur.

M. Bobée se plaint d'être appelé chef de parti, tout en avouant, tant les contradictions lui coutent peu, que ce parti ne voudrait pas se mettre à la tête de la coterie dénonciatrice qui me pousse en avant. Mais quelle est-elle, cette coterie? Savez-vous de quels hommes elle se compose? Vous en êtes encore à cet égard réduit à des conjectures. Eh bien! pour vous tirer d'embarras, je vous dirai qu'elle se forme de la presque totalité des trois cents personnes à qui j'ai distribué ma dernière brochure, et que c'est plutôt à leurs sollicitations que je cède en écrivant

ces lignes, qu'au besoin de me justifier de vos ridi-
cules reproches. Vous parlez de vie scandaleuse, et
vous osez me rappeler de nouveau, et le soufflet que
j'ai reçu d'une femme, et la prudence dont j'ai fait
preuve alors. Mais s'il vous reste encore l'ombre d'un
sentiment de dignité, vous comprendrez que ce reproche est aussi déplacé, que la citation qu'il vous a
inspirée.

Vous croyez ensuite avoir suffisamment expliqué
votre conduite dans l'affaire Marche, en disant
que le propos attribué à M. de Manneville n'est pas
de votre invention : soit, j'y consens ; mais encore,
et dans ce cas, vous aurez toujours, et malgré vos
explications, le tort irréparable de l'avoir révélé.

Enfin, M. Bobée qui se rappelle la générosité dont
j'ai payé les conseils qu'il a bien voulu me donner
sur ma santé veut bien cette fois, s'occuper de mes
affaires, en m'invitant à chercher, ailleurs que dans
ma profession, des moyens d'existence. Il craint,
me dit-il, que ces ressources ne viennent à me man-
quer.

Serait-ce votre maligne influence dont vous vous
exagérez tant l'étendue, qui me causerait un pareil
malheur? Si telle est votre pensée, sachez bien que
je suis sans crainte à cet égard, et que je ne la re-
doute en aucune manière.

Je ne suis pas riche, il est vrai ; je ne reçois pas,
comme vous, en échange de tous les avantages dont
vous avez doté la commune, un traitement qui satis-
ferait la vanité d'un garde-champêtre ; mais ce que

j'ai m'a suffi jusqu'alors et me suffira, je l'espère du moins, long-temps encore. Cependant, comme je ne hais rien tant que l'ingratitude, et que je dois reconnaître votre touchante sollicitude pour mes intérêts, je vous invite aussi à moins vous occuper de vos idées de haine et de vengeance ; car, si je suis bien informé, elles pourraient bien avoir pour objet de diminuer considérablement votre clientelle. Et qui sait si alors vous ne seriez pas réduit à l'exercer dans le seul hameau de Saveaumarre, puisque c'est là que sont, dit-on, vos plus fidèles pratiques.

Suffiraient-elles alors à vous consoler d'un tel échec ?

N'en éprouveriez-vous pas un violent désespoir ? Ces réflexions sont graves : je vous engage à les peser mûrement.

Je n'ai plus à examiner, pour terminer cette lettre, que la dernière phrase de celle de M. Bobée, où il apprend au public ( voyez quelle judicieuse précaution ! ) que son collègue et lui ont des égards pour la morale. Personne n'en doute assurément, Messieurs, vous en avez donné tant de preuves ! Mais ce que le public n'a pas compris comme vous, c'est le cynisme dont vous dites mon langage entaché ; il n'y a vu au contraire jusqu'alors, et il n'y verra jamais que de la modération, de la réserve et de la franchise.

N'oubliez donc jamais qu'un reproche mal fondé tourne toujours contre ses auteurs ; mais, je le vois, vous tenez peu à être juste et vrai, quand un mensonge ou une calomnie peut servir votre haine.

Aussi, comme toute œuvre porte avec elle sa ré-compense ou son châtiment, j'attends avec confiance le jugement du public sur les miennes.

Vous me faites espérer la flétrissure; il est plus généreux pour vous, ce bon public, car, depuis long-temps déjà, il vous en a mis sur le front la marque ineffaçable.

Cette lettre est longue; mais si c'est un tort, il est dû à mes adversaires, puisque je n'ai fait que répondre à leurs injures. Cependant, il me reste, pour la rendre complète, tant de choses à dire, que je remets à les développer dans un prochain nu-méro.

Signé, PROUX.

Mars 1836.